EMBUDO MAESTRO

Helio Laguna

Título: Embudo Maestro

© 2017, Helio Laguna

© De los textos: Helio Laguna

Ilustración de portada:

Revisión de estilo: www.escritoyhecho.com

1ª edición

Todos los Derechos Reservados.

¡¡IMPORTANTE!!

No tienes los derechos de Reproducción o Reventa de este Producto.

Este libro tiene © Todos los Derechos Reservados.

Antes de venderlo, publicarlo en parte o en su totalidad, modificarlo o distribuirlo de cualquier forma, te recomiendo que consultes al autor.

El autor no puede garantizarte que los resultados obtenidos por él mismo al aplicar las técnicas aquí descritas, vayan a ser los tuyos.

Básicamente por dos motivos:

Solamente tú sabes qué porcentaje de implicación aplicarás para implementar lo aprendido (a más implementación, más resultados).

Aunque aplicaras en la misma medida que él, tampoco es garantía de obtención de las mismas ganancias, ya que incluso podrías obtener más, dependiendo de tus habilidades para desarrollar nuevas técnicas a partir de las aquí descritas.

Aunque todas las precauciones se han tomado para verificar la exactitud de la información contenida en el presente documento, el autor y el editor no asumen ninguna responsabilidad por cualquier error u omisión.

No se asume responsabilidad por daños que puedan resultar del uso de la información que contiene.

Así pues, buen trabajo y mejores Éxitos.

TABLA DE CONTENIDOS

Introducción..11
Capítulo I ¿Qué Es Un Embudo Maestro?............................13
Capítulo II. La Importancia De Tener Tu Infoproducto..........17
Capítulo III. Antes De Crear Tu Infoproducto......................21
Capítulo IV. ¿Qué Vas A Necesitar Para Crear Tu Embudo?..29
Capítulo V. Implementando La Estrategia..........................41
Capítulo VI. Tus Pasarelas De Pago...................................55
Capítulo VII. El Seguimiento De Tu Embudo Maestro..........59
Capítulo VIII. Automatiza Tu Embudo Maestro....................71
Conclusión 77

"Cada vez que empiezo leer un libro lo primero que veo son los créditos, los reconocimientos de personas que no conozco, las historias del por qué o cómo de ese libro.

Y en numerosas ocasiones he dejado de leer porque pasan 100 páginas antes de que pueda entrar al tema por el cual compré el libro.

Aquí no va a ser así, aquí vamos ir directamente al grano."

Helio Laguna

INTRODUCCIÓN

Hola, te saluda Helio Laguna.

Estoy encantado de verte por aquí porque te aseguro que lo que vas a aprender en este libro es auténtico Oro Molido, así que, Felicidades por tu decisión y por supuesto, muchas gracias por confiar en mí para mostrarte cómo hacer un embudo en Internet.

Y puede que estés preguntándote qué es un embudo en Internet...

Pues no es ni más ni menos que una serie de páginas en Internet, donde puedes convertir a personas que no te conocen, en personas que te conozcan y que te compren algo, que te compren cualquier cosa que estés vendiendo.

Eso es lo que hace un embudo por ti.

Pero lo que vas a descubrir en este libro no es un embudo cualquiera, es el sistema de embudo que utilizo para todos y cada uno de mis productos y que denomino un "Embudo Maestro".

¿Por qué lo llamo así?

Porque es un embudo en el que junto varios embudos que he estado utilizando con éxito a lo largo del tiempo. Varios embudos en uno solo, es decir, un embudo maestro.

Déjame decirte desde ya, que estás ante un sistema poderosísimo, un sistema que va a convertir para ti mucho más de lo que lo hacen otro tipo de embudos, embudos normales, embudos que tienen unas métricas muy definidas y que hagas lo que hagas, parecen no funcionar más.

Lo que vas a ver aquí es un embudo que convierte muchísimo, es un embudo fuera de este planeta, que te va a transportar fuera del planeta de las conversiones normales que tienen los gurús de tu nicho de mercado.

Así pues, no te entretengo más.

Pasa ya al primer capítulo que despegamos...

CAPÍTULO I.

¿QUÉ ES UN EMBUDO MAESTRO?

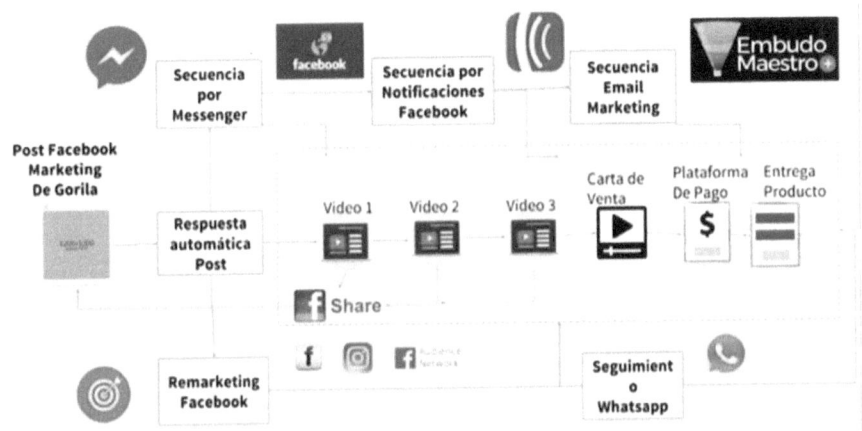

Esta estructura que ves en la imagen es el embudo maestro o lo que es lo mismo, la forma de convertir a la gente rápidamente en prospectos calificados y en clientes.

¿Para qué sirve el Embudo Maestro?

Para vender cualquier cosa.

Desde un producto físico, pasando por un producto digital o un producto de afiliados, hasta cualquier cosa que quieras comercializar dentro de Internet.

¿Qué tiene de especial el Embudo Maestro?

Lo que tiene de especial y lo vas a ir viendo a lo largo del libro, es que he concentrado en él los canales de comunicación más importantes del momento, para poderles transmitir la información a mis prospectos.

Estoy usando canales como *Messenger, Facebook*, las aplicaciones del mismo *Facebook, Email Marketing, Instagram, WhatsApp* o el *retargeting* de *Facebook*.

Todos esos canales son los que vas a usar tú también para que tus prospectos tengan la información que quieres que tengan y que se puedan convertir mucho más rápido en tus clientes.

Como te he dicho antes, ese es el punto medular del Embudo Maestro, poder convertir a tus prospectos en clientes lo antes posible.

Yo ya lo hago, y para eso estoy usando herramientas punteras como los *Bots* en *Facebook*.

Quizá ya hayas oído hablar de las automatizaciones en *Facebook*, pues con Embudo Maestro, las vas a empezar a usar a tu favor.

Ya verás a lo largo del libro cómo he llegado a modificar los embudos de ventas tradicionales.

Si has visto alguna vez un embudo de ventas, sabrás que antes se usaban páginas de captura. Bueno, pues no es que el Embudo Maestro no tenga una página de captura, la tiene, pero es directamente en *Facebook*.

"¿Y cómo es eso Helio?"

Muy sencillo, nuestra página de captura es un post en *Facebook*, al que hacemos viral con una estrategia que se llama "Marketing de Gorila" y que vas a ver más adelante.

Además, logramos prospectos con ese post gracias a la automatización de los *Bots* de *Facebook* que nos permiten captar los datos en cuanto ponen un comentario y agregar otros *Bots* para los seguimientos.

Pero eso ya te lo iré mostrando en capítulos posteriores, ahora centrémonos en que conozcas más a fondo la estructura del Embudo Maestro.

CAPÍTULO II.

LA IMPORTANCIA DE TENER TU INFOPRODUCTO

¿Por qué vamos a empezar por crear tu Infoproducto?

Porque también quiero que con tu Embudo Maestro generes una máquina para hacer dinero y lo más rentable para ello es que crees tu propio producto para tener el 100% de la comisión para ti.

¿Qué puedes hacer con el Embudo Maestro?

Vender Productos Físicos creados por ti

Lo más rentable es que tengas un producto propio y recibir el 100% de las ganancias.

Vender Productos Físicos de terceros

Si no tienes un producto propio, puedes vender un producto físico de otros y ganarás una comisión que generalmente ronda el 30%.

Vender Productos Digitales creados por ti

Al igual que te he dicho con los productos físicos propios, es lo más rentable, ya que las comisiones son íntegramente para ti.

Vender Productos Físicos de terceros (venta como afiliado)

Generalmente, con la venta de productos digitales como afiliado, recibes entre el 50% y el 75% de comisión.

Promocionar un Ecommerce

Hoy en día hay una fuente de ingresos que está creciendo enormemente, el Ecommerce.

Con el Embudo Maestro puedes promocionar tu propio portal de Ecommerce o portales de otros y generar dinero.

Promocionar tu Marca Personal

Con este embudo vas a poder posicionarte y mandarle información a tus prospectos para que te conozcan, así que también lo puedes usar para promocionar tu marca personal.

Promocionar un Curso Presencial

De hecho, las promociones de todos y cada uno de mis eventos presenciales de AMI, las hago por medio de estas herramientas. Entonces, puedes llenar un curso presencial con este embudo.

Vender Membresías Online

Puedes generar contenido y crear un sitio de membresía, como hago yo, y promocionarlo con éxito a través del Embudo Maestro.

Vender una Afiliación a Redes de Mercadeo

Puedes vender una afiliación a una red de mercadeo y recolectar prospectos.

Por lo tanto, sea lo que sea que promociones con el Embudo Maestro, un producto físico de terceros, un producto digital creado por ti o un producto digital de terceros y que vendas como afiliado y muchísimas otras cosas más, te aseguro que te lo van a comprar sí o sí.

¿Por qué empezar por un Infoproducto?

Como te he comentado antes, vender un Infoproducto de tu propia generación es uno de los negocios más rentables, y te lo digo por experiencia propia, ya que cuento con más de 300 productos creados y que se siguen vendiendo desde hace dos o tres años.

Como te puedes imaginar, tener tus Infoproductos es una fuente de ingreso muy rentable.

Yo empecé hace años, pero tú puedes empezar hoy mismo a generar un Infoproducto y por eso quiero empezar por este tema, porque si bien puedes vender más cosas en el Embudo Maestro, crear un Infoproducto te dará claridad para vender cualquier otra cosa.

CAPÍTULO III.

ANTES DE CREAR TU INFOPRODUCTO

Sé que ahora mismo estás pensando que no tienes nada que ofrecer a las personas y no te culpo, a mí también me pasó cuando empecé a crear Infoproductos, pero ya te digo que eso no es verdad.

Tu experiencia a lo largo de la vida te da para poder transmitir cualquier tipo de conocimiento que tengas.

Pero entremos en materia...

Lo primero que vas a hacer es algo que se llama

Sistema de Conocimiento

Para ello, debes crear en un cuaderno estas tres columnas:

Tu Sistema de Conocimiento

Conocimientos	Habilidades	Experiencia

Vas a tener que hacer tres columnas, una que se llama "Conocimientos", otra "Habilidades" y otra que se llama "Experiencia".

Una vez las hayas creado, date un tiempo (5 o 10 minutos) para que ir rellenando estas tres columnas.

Por ejemplo, puedes poner que tienes conocimientos de matemáticas, conocimientos de Marketing, conocimientos de cómo hacer un Infoproducto, de que cómo aprender más rápido, etc.

Puedes tener muchísimos conocimientos adquiridos a lo largo de tu vida y debes anotar la mayor cantidad que se te venga a la mente.

En la columna de las habilidades debes empezar a anotar, por ejemplo, que tienes habilidad para hablar en público, para hacer campañas de Facebook, para conectar con las personas, lo que sea que consideres una habilidad.

La finalidad de este ejercicio es que empieces a abrir tu mente y llenes estas columnas.

Y por último, vas a anotar tu experiencia.

Por ejemplo, que tienes experiencia en hacer Infoproductos, en mandar emails diarios, en crear campañas de marketing, en vender, en viajar...

¿Comprendes la finalidad de rellenar estas columnas?

No necesitas ser experto, tan solo necesitas que hayan personas en tu nicho de mercado que desconozcan lo que sabes y a esas personas les vas a vender tu experiencia en ese conocimiento.

Una vez rellenadas tus tres columnas, observa cuáles son los temas que más se repiten, sepáralos y define por cuál quieres empezar para crear tu Infoproducto.

Recuerda que no buscas ser experto sino ayudar con tu conocimiento y experiencia a resolver algunas necesidades de tus clientes.

¿Cómo determinar la necesidad de tus clientes?

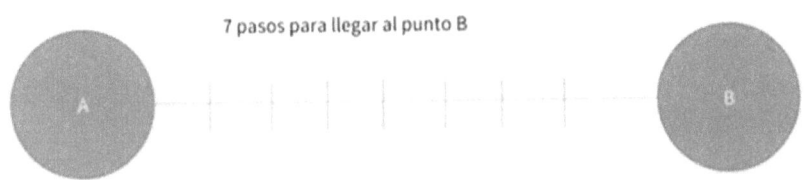

Como ves en la imagen, tu cliente está en el punto A y por lo tanto, tu Infoproducto debe que resolver su necesidad, es decir, lo tienes que llevar al punto B.

Para ello, llevarlo del punto A al punto B, tienes que hacer que vaya cumpliendo una serie de pasos, paso uno, paso dos, paso tres, en tu Infoproducto.

Por ejemplo:

Paso 1. Descargar X formato.

Paso 2. Rellenarlo.

Paso 3. (Lo que determines en función de tu tema).

Y así lo vas a ir haciendo con toda la serie de pasos necesarios para llevarlos al punto B.

No hay un número fijo de pasos. Pueden ser tres pasos, pueden ser cinco pasos, pueden ser doce pasos, vas a dividirlo en los que quieras, aunque te recomiendo que sean siete.

Los vas a llevar a través del contenido de tu Infoproducto, de manera que vayan haciendo los pasos hasta que lleguen al resultado final, que es el punto B, es decir, resolver su necesidad.

Y para determinar qué necesidad tienen por resolver, primero debes definir a tu cliente ideal, o como se le suele llamar, a tu avatar.

¿Esto qué es?

Puede que hayas escuchado que en muchos entrenamientos hablan de esto, de crear el avatar del cliente ideal.

¿Por qué tienes que hacerlo?

Porque es fundamental a la hora de crear tus campañas de Marketing ya que gracias a ello vas a saber a quién venderle, cuáles son sus dolores y gracias a esos dolores, a esas necesidades, saber cómo venderles la solución.

De ahí la necesidad de crear un avatar.

¿Y cómo crear tu avatar?

Contestando a estas preguntas:

Define a tu Cliente Ideal o Avatar:

¿Quién es tu Cliente?

DEMOGRAFÍA DEL CLIENTE
Edad: _____
Género: _____
Estado Civil: _____
Hijos: _____
Edad de los hijos: _____
Educación: _____
Ciudad (o país): _____
Nacionalidad: _____

Define a tu Cliente Ideal o Avatar:

¿Qué hace tu Cliente?

Industria: _____
Gustos: _____
Hobbies: _____
Actividades: _____
Entretenimiento: _____

Define a tu Cliente Ideal o Avatar:

¿Cuál es el comportamiento de tu Cliente?

Información: revistas: _____
redes sociales: _____
libros: _____
sitios web/blog: _____
conferencias: _____
mentores: _____
Finanzas: _____
Gastos: _____
Viajes: _____
Compras: _____

Define a tu Cliente Ideal o Avatar:

OJO ¿Qué le duele a tu Cliente?

No lo deja dormir: _____
Es urgente: _____
Qué desea: _____
Logros: _____

Es muy importante saber qué le duele a tu cliente, qué es lo que no le deja dormir, qué es urgente para él, qué desea y qué logros quiere alcanzar, para resolver sus necesidades con tu Infoproducto.

Define a tu Cliente Ideal o Avatar:

¿En que cree tu Cliente?

En qué cree:_____
Filosofía:_____
Por qué hace lo que hace:_____

También es muy importante saber en qué creen tus clientes, cuál es su filosofía, por qué hacen lo que hacen, etc.

Por ejemplo, entre las personas que quieren emprender en las redes de mercadeo es muy común que tengan la filosofía del emprendimiento, de poder generar más dinero, etc.

Por lo tanto, ¿en qué creerán?

En el apalancamiento de las gentes.

¿Y por qué hacen lo que hacen?

Porque están convencidos de que las redes de multinivel son algo que puede ampliarles la mina.

Es muy importante que rellenes todos estos datos en tus fichas para tener muy claro quién es tu cliente ideal y en quién basarte a la hora de crear tu Infoproducto y que lo compren.

Una vez que ya tienes identificada qué necesidad de tu cliente vas a resolver, la tienes que dividir en pasos, como te comenté en el capítulo anterior.

Es decir, para crear tu producto, desglosas el tema en siete pasos, o cinco, cuatro, diez o los pasos que determines para llevar a tu cliente desde el punto A en que se encuentra, hasta el punto B.

¿Cómo generar el contenido?

Lo primero es tomar el esqueleto de tu producto el que acabas de crear para unir el punto A con el punto B y de cada paso haces una presentación de PowerPoint, larga o corta, como quieras, lo importante es que vayas avanzando a tus clientes en el camino para el resultado.

Para generar el contenido de cada uno de los pasos, apóyate en libros, documentos, experiencias... Lo que necesites para ir desarrollando el tema con tu experiencia.

Vamos a empezar ya mismo a diseñar la estrategia de tu embudo, pero antes debes describir brevemente tu producto para saber las líneas maestras que debes seguir.

Cómo describir tu producto

Y para ello, lo primero que debes hacer es describir los cinco beneficios principales de tu producto.

Y ojo aquí, porque te estoy hablando de beneficios, no te confundas con las características de tu producto.

Es decir, debes describir en cinco puntos qué vas a resolverles con tu producto, de manera que no sean técnicos, sino que sean algo que ayude a tus clientes.

Describe también cómo sería su situación antes y después de que te compren tu producto y esa es la razón de por qué te lo comprarán.

Tienes que describir en dos o tres renglones cómo resuelves de manera práctica el problema que tiene tu cliente. Es decir, hacer un resumen de tu producto.

Por ejemplo: *"Yo ayudo a las personas a que generen más ingresos con un apalancamiento global y Bitcoin. Yo ayudo a las personas a que puedan comprar una casa por medio del proceso de que puedan comprarlo por Infonavit, etc."*

CAPÍTULO IV.

¿QUÉ VAS A NECESITAR PARA CREAR TU EMBUDO?

Ya sabes que tienes que crear un Infoproducto para venderlo dentro de tu Embudo Maestro, ya sabes que puedes vender diferentes tipos de cosas.

¿Qué vamos a ver ahora?

Las piezas que tienes que tener para ir montando tu embudo.

El logo

Todo negocio que quiera tener apariencia profesional debe tener un logo que aparecerá en todas y cada una de las páginas, en lo documentos, etc.

¿Cómo generar tu logo?

Si no eres diseñador y te cuesta trabajo el diseño (como a mí) y el manejo de programas como Photoshop, Ilustrator o Corel Draw, estás de suerte porque hay una serie de programas en Internet que te ayudarán para hacer los logos o los diseños muy rápidamente. Solo has de hacer corta y pega.

¿Cómo Generar mi Logo?

•Herramientas

Estos programas que ves en la imagen, son los más recomendables para que puedas hacer el logo de tu Infoproducto, así que tenlos en cuenta, porque son herramientas que vas a necesitar para crear, no solo tu logo, sino para todo lo que necesites de diseño.

El Dominio y el Hosting

Otra de las cosas que necesitas para tu producto es tener un dominio y un Hosting.

El Dominio es la página de tu producto en Internet y normalmente tiene un nombre como Google.com, Latiendadelaesquina.com o Cocacola.com.

El Hosting es el servidor es donde se almacena la información de tu página de forma remota.

Es decir, el servidor puede estar en Estados Unidos, en Europa o en otra ciudad y es de donde va a salir la información de tu página.

Lo que necesitas para tu producto es comprar un dominio y un Hosting.

Buscando el Dominio

Te recomiendo que tu dominio, como es tu carta de presentación, sea muy referente a tu producto.

Por ejemplo, mi dominio se llama Embudomaestro.com porque el producto se llama Embudo Maestro.

A la hora de comprar tu dominio, lo primero que debes buscar es que esté disponible porque muchos ya están ocupados.

Un dominio te sale desde 1 dólar, hasta 5 dólares, según el tipo de dominio.

¿Qué Hosting adquirir?

Los más comunes son HostGator, DreamHost y GoDaddy.

Dominio y Hosting

El Hosting te puede costar entre 5 y 10 dólares por mes o una anualidad de entre 47 y 97 dólares al año más o menos, pero es una inversión que tienes que hacer sí o sí, porque es tu negocio, ¿no?

Las Páginas

Para ello, es muy recomendable utilizar WordPress, no sé si lo conoces y sabes para qué se utiliza.

WordPress es un editor para crear páginas de Internet.

Muchas veces pensamos que crear una página web es complicado y no, con WordPress, puedes poner un título, centrarlo, ponerle más abajo una imagen, ponerle un link de un vídeo y que se vea el vídeo en la página, etc.

También hay editores más sofisticados, como todos los que ves en esta imagen:

Plataformas para crear paginas.

Todos ellos son muy conocidos dentro del mundo del Marketing porque son creadores de páginas que traen plantillas prediseñadas para que las páginas se vean más bonitas.

Como te he dicho, estos son más sofisticados y se utilizan para crear páginas web más bonitas ahora, pero para comenzar a hacer una página web, te recomiendo WordPress, que es tan sencillo de usar como un editor de un Word.

Puedes poner una imagen y a continuación algún texto y como tiene previsualización, vas viendo cómo va quedando mientras lo haces y te quedan páginas muy profesionales.

Si tienes los medios económicos, puedes pasar al siguiente nivel y contratar alguna de las plataformas de la imagen.

La ventaja que te dan es que, al contar con plantillas prediseñadas, tan solo debes cambiar el texto y la forma de la letra y ya se ven genial.

Tan solo es corta - pega y si quieres añadir un vídeo, cambias el link del vídeo predeterminado por el del tuyo y listo.

¿Por qué te recomiendo que si puedes comprar uno de estos sistemas de páginas, lo hagas?

Porque para armar tu embudo vas a necesitar cuatro páginas para cuatro vídeos, tres de indoctrinación y uno de ventas, otra página de entrega del producto y la página de gracias para cuando te compran el producto.

Y con una de estas herramientas con plantillas prediseñadas crear todas esas páginas te puede llevar una hora como mucho.

Pero aunque sea muy sencillo, mucho más que antes, pues yo me pasé los dos primeros años de mi vida aprendiendo cómo crear un sitio web, así que no cometas ese error, lo mejor es que pagues a alguien que te lo haga.

Créeme, te va a salir más barato, porque vas a ahorrarte mucho tiempo que puedes destinar a otras cosas que te hagan ganar dinero.

No trates de aprender la tecnología, eres marquetero no programador.

Cuando montas un embudo es con la intención de que cuando entre alguien, lo vayas segmentando de manera que con tu información lo puedas hacer tomar una decisión, la decisión de comprarte.

Y para ello, siguiendo el esquema del Embudo Maestro, vas a necesitar 4 páginas para presentarles los vídeos que necesitas para transmitirles lo que quieres transmitirles.

Presentando los vídeos del Embudo

Esta que ves en la imagen es la estructura de las páginas que vas a manejar para darles el contenido en vídeo:

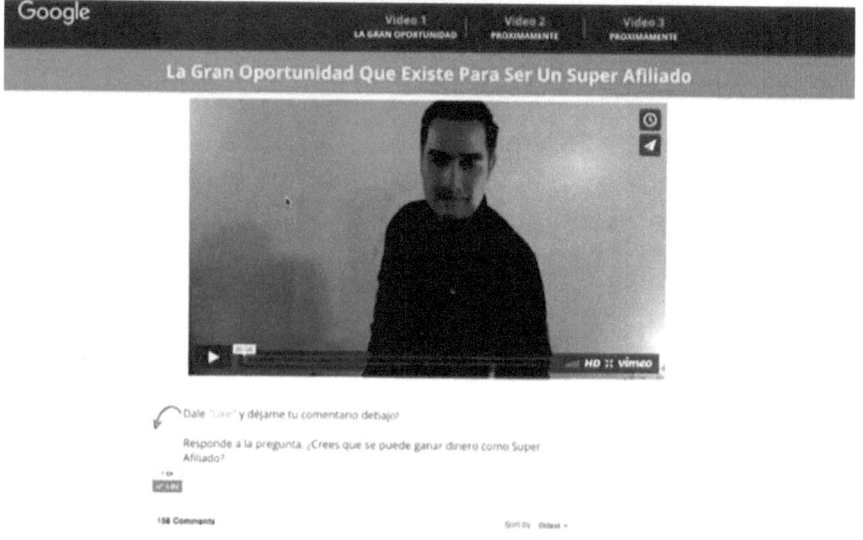

Como puedes ver es bien simple, un título, un vídeo, los comentarios y la posibilidad de ir a los vídeos próximos en caso de que estén habilitados.

Si aún no lo están no podrán verlos y esto es algo que funciona muy bien en los lanzamientos, crearles expectativa. Es decir, que si les estás presentando el vídeo 1, no podrán los vídeos 2 y 3 hasta que les mande los correos de seguimiento avisándoles de que pueden.

En la página, como ya te has dado cuenta, hay un sistema de comentarios en la parte de abajo y te recomiendo muchísimo que lo habilites.

¿Por qué?

Porque esto es algo que se emplea muchísimo en Marketing, lo que llamamos "Prueba Social" y que la gente comente el contenido de tu vídeo, ya sea positiva o negativamente, sirve para crear prueba social.

Enseguida te voy a contar de qué tratan estos tres vídeos y cómo los vas a hacer, pero lo que quiero que veas es que esta es una página hecha en LeadPages en tan solo 5 minutos.

De ahí la importancia de invertir en un creador de páginas más sofisticado, como te decía antes.

Las piezas de contenido de tu producto

Como bien sabes, has de dividir el contenido de tu producto en varios pasos que serán las lecciones que irán llevando a tu cliente del punto A al punto B.

Estas piezas de contenido las puedes entregar creando presentaciones que grabarás mientras explicas su contenido.

¿Y cómo vas a hacer estas presentaciones?

A través de herramientas como PowerPoint, como Prezi o Google Presentaciones, por ponerte algunos ejemplos.

Una vez creadas las presentaciones, llega el momento de grabar el vídeo mientras las muestras en pantalla.

Herramientas para grabar tus vídeos

Hay muchas formas de grabar tus vídeos desde la computadora y dependiendo de cómo te encuentres más cómodo, usarás unas u otras.

Hay a quien se le hace más fácil grabar el PowerPoint y su voz.

A mí me gusta más salir en cámara, aunque entiendo que haya gente que no les guste...

Como te digo eres tú quien debe tomar una decisión sobre cómo quieres grabar estos vídeos.

¿Qué programas tienes para hacer esto?

De todos ellos, hay uno que es gratis y muy práctico, *AtubeCatcher*.

Este programa te permite grabar tu presentación, de manera que vas pasando diapositivas mientras que las comentas y grabas tu voz. No te tienes que preocupar de nada más, pues mientras lo haces, ya se está grabando el vídeo y después lo puedes descargar de Internet.

Una vez descargado, lo puedes subir a YouTube o a Vimeo y listo.

El tiempo de grabación es ilimitado, yo he grabado hasta dos horas y media y el peso del vídeo más bien dependerá de la capacidad de procesamiento de tu computadora.

Pero como te digo, este programa es muy completo, ya que también tiene una función que te optimiza el vídeo cuando lo subes a YouTube, te lo comprime y así cuando lo abran va a ser más rápido ya que pesa mucho menos.

¿Cómo entregar el contenido?

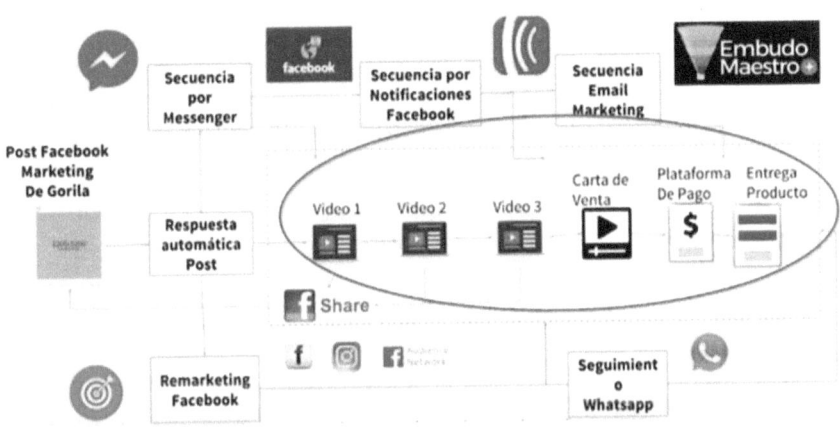

Estas herramientas son las que vas a utilizar para construir tu embudo y ya sabes que debes construir una página para el vídeo 1, otra para el vídeo 2, una página para el vídeo 3, una página para algo que vamos a llamar "Carta de Ventas", otra que vamos a llamar "Gracias" y otra página para entregarles el producto una vez que ya te compraron a través de la plataforma de pagos.

Esta es la estructura básica que ha de tener la entrega de contenido de tu Embudo Maestro, pero puedes hacer variantes en función de tus necesidades.

Por ejemplo, puedes crear una sola página donde hacer estos cinco pasos de tu embudo, es decir, pones en vídeo tras otro, un botón de acceso a la plataforma de pagos y cuando paguen, les entregas el producto.

Yo también utilizo algo más sofisticado, los sitios de membresía.

En ellos, para que los usuarios puedan acceder al contenido, deben poner su nombre de usuario y contraseña.

Ya te digo que son más sofisticados, así que por ahora te recomiendo que vayas a lo más sencillo para hacer lo que quieres hacer, que es entregarles tu producto.

Y para ello, puede ser algo tan sencillo como crear una página de WordPress con el vídeo 1, el vídeo 2, el vídeo 3...

Si estás comenzando, lo más práctico es poner todo en una misma página, pero depende del tiempo que tengas y de lo rápido que lo quieras hacer, si poner un vídeo por cada página, crear una zona de miembros donde tienen que loguearse para poder entrar a su zona de clases y que tenga una estética más bonita, pero eso ya depende de ti, aunque una sola página es lo más práctico.

Pero todavía hay sistema de entrega más sencillos y rápidos, ya sabes lo que me gusta la velocidad, jejeje.

Por ejemplo, para entregar el contenido del embudo de un producto, lo que hice fue crear un grupo privado de Facebook y entregar el contenido por medio de transmisiones de Facebook Live y como Facebook Live me dio la grabación después, no tuve que hacer nada más.

En otra ocasión, entregué un Coaching de 500 dólares por medio de un grupo de WhatsApp.

¿Cómo?

Una vez me compraron el Coaching de 500 dólares, los agregué a un grupo de WhatsApp donde les envío los vídeos. Hago varios vídeos, los grabo y los subo a Vimeo, a YouTube, adonde sea y les paso el enlace en el grupo.

No creas que se me ha olvidado, anteriormente te prometí que te iba a explicar cómo crear el contenido para convertir a tus prospectos en clientes lo más rápido posible, objetivo principal del Embudo maestro, y para ello vas a utilizar los tres vídeos y todas las herramientas periféricas para darles el seguimiento a tus prospectos.

Pasa al siguiente capítulo, que te lo cuento...

CAPÍTULO V.

IMPLEMENTANDO LA ESTRATEGIA

Vamos a entrar ya con detalle a ver las estrategias del contenido de tu embudo.

3 vídeos de Indoctrinación

Quiero empezar mostrándote de qué tratan los 3 vídeos que conforman la fase inicial del embudo a los que llamo "de indoctrinación."

¿Qué es la indoctrinación?

Llevar a tus prospectos, por medio de diversos canales, a creer en algo.

Transmitirles algo que los lleve a tomar acción. Eso es la indoctrinación.

¿Qué quieres lograr cuando practicas la indoctrinación?

Que tus prospectos sean conscientes de que tienen un problema, que sepan tienes la solución a su problema y que te vean como la única manera en que lo pueden resolver.

Y de esto se encargan los tres vídeos. ¿Cómo?

Vídeo 1

Es el vídeo en el que les vas a describir los dolores y frustraciones de su situación actual y el costo de no tomar acción.

Por ejemplo, imagina que estoy en el nicho de Bienes Raíces y quiero que la gente compre una casa conmigo.

Entonces, les diría:

"Hola, ¿qué tal?

Te saluda Helio Laguna y quiero transmitirte en el día de hoy lo que me sucedió hace algunos años.

Vivía de alquiler desde hacía más de diez años y quería comprar mi propia casa y en ese momento me di cuenta de que mi esposa y yo teníamos que hacer algo diferente para poder tener nuestra propia casa y que fuera lo más fácil posible.

Entonces investigué cómo hacerme con un préstamo para comprar la casa que yo quería y tener así un patrimonio para mi familia y para mí.

Pero cuando empecé a ver los trámites necesarios, la situación se hizo terrorífica porque pensé que no lo iba a poder hacer debido a los muchísimos pasos burocráticos.

Al final, y con la ayuda de un familiar, logré resolverlos y adquirir mi propia casa.

Pero me quedé con la espinita de saber que mucha gente con la misma ilusión que tenía yo, no lo lograron.

Por eso me decidí a crear un sistema muy fácil con el que ayudarles a resolver todos los trámites de manera rápida y ahora te quiero ayudar a ti.

Si tu ilusión es tener tu casa lo antes posible, que tus hijos disfruten de tu nueva casa y que te sientas seguro en tu nueva casa, es importante que sepas que existe un proceso sencillo para que puedas tener tu casa propia en menos de treinta días.

Para acceder a él tan solo debes acceder a la página misservicios.com y solicitar una cita conmigo para evaluar tu situación.

Y por supuesto, te invito a que veas mi próximo vídeo para que puedas resolver la parte de vivir en comodidad con tu familia."

Así es cómo vas a tocar los dolores y las frustraciones de tus prospectos.

Yo aquí lo hice nombrando que sus hijos vivan en comodidad y que tengan un patrimonio.

Y esto funciona porque cuando hablamos de patrimonio la gente dice: *"Sí, sí quiero patrimonio."*

Así pues, en el vídeo 1, debes tocar sí o sí, sus dolores y frustraciones.

Debes decirles y hacerles sentir: *"Este es el costo de no tomar acción. Puedes seguir viviendo con tu problema."*

Has de crear autoridad.

Este es un punto importantísimo, tener autoridad y tu autoridad es el conocimiento y la experiencia que tienes y por eso lo transmites en el vídeo: *"A mí me pasó y lo resolví"* o *"creé un programa o un proceso en base a este resultado".*

Además, debes dar información, o sea, contenido de valor en cada vídeo.

En el vídeo 1 les muestras un problema, pero lo resuelves.

En mi ejemplo el problema es que las personas no saben cómo resolver los trámites para comprarse una casa y la forma de resolverlos es yendo a la página donde ofrezco mis servicios.

Así demuestras autoridad, enseñándoles, resolviéndoles un problema.

Vídeo 2

En el vídeo 2, debes recapitular lo que diste en el vídeo 1.

¿Por qué?

Porque te quieres asegurar de que tengan la información, ya que no sabes si vieron el vídeo 1, entonces no lo vas a obviar, sino que vas a enseñar de manera rápida lo que pasó en el vídeo número uno.

A continuación, resuelves el problema que dejaste abierto en el vídeo 1 y creas otro nuevo problema para que las personas sigan involucradas, sigan enganchadas y quieran ver tu vídeo 2.

Continúas avanzando y enseñando, levantas un nuevo problema y otra vez vuelves a hacer lo mismo: *"En el vídeo 3 te voy a enseñar a resolver este problema"* y así te aseguras de que vean el vídeo 3.

Por ejemplo, siguiendo el ejemplo de Bienes Raíces, les resolvería el problema de cómo y dónde solicitar el crédito para comprar su casa y cerraría el vídeo así:

"Ahora que ya sabes dónde y cómo iniciar tu crédito, el problema es encontrar toda la documentación que requieres.

De eso te voy a hablar en el siguiente vídeo, donde te voy a enseñar dónde encontrar esta información rápidamente.

Nos vemos en el siguiente vídeo."

Levantaste un problema y lo resolviste, eso fue enseñar, eso fue demostrar autoridad, eso es ayudarles a las personas, darles resultados por adelantado. Y si logras darles resultados por adelantado, te van a comprar a ti, no al que no enseñó nada, no al que no dio nada.

Vídeo 3

Lo primero que debes hacer en este vídeo es recapitular qué aprendieron en los vídeos 1 y 2.

Después resolver el problema que quedó abierto en el vídeo número dos, sobre cómo conseguir los papeles y tener la puntuación adecuada para que te presten lo máximo posible.

Intenta hablar de historias reales y de sus casos de éxito para, con todos esos resultados, con todas esas transformaciones que les has dado a las personas, vender aún mejor tu producto como la única solución viable.

Piensa en el mejor caso éxito que tengas, ya sea de alguien a quien hayas ayudado, le hayas cobrado o no, pero piensa en la máxima transformación que hayas logrado con esa persona y ese resultado que tuvo esa persona gracias a ti, es lo que vas a vender, esa es tu oferta irresistible.

Después resuelves el problema que creaste en este vídeo y al final creas un nuevo problema que vas a resolver en el vídeo 4, que es el vídeo de ventas.

Entonces los preparas diciendo:

"En el siguiente vídeo te voy a hablar sobre mi programa, el cual me permitió ayudar a mi comadre a comprar su casa y a partir de ahí, desarrollé este programa que te va a ayudar a tener tu casa en tiempo récord. No te pierdas el siguiente vídeo."

Preguntas Frecuentes sobre estos vídeos

¿Cuánto tiempo deben durar estos vídeos?

Ni un minuto más de lo que necesites.

Es decir, si explicas el problema y la solución a ese problema en cinco minutos, pues ese vídeo durará eso, cinco minutos.

Si te cuesta veinte minutos, pues veinte minutos.

Es decir, procura no hablar más de lo necesario ni inventar más cosas para que te dure más y no tratar de que el vídeo dure menos, se nota cuando lo haces.

Así pues, deja que el vídeo dure lo que tenga que durar cumpliendo con estos elementos.

Cuenta Historias

Este es otro punto importante, ya que contar historias o testimonios reales vende mucho.

Así que, si puedes meter en tus vídeos a alguien que haya obtenido resultados con tu ayuda o puedes hablar de alguna historia en que hayas resuelto el problema de alguien, hazlo.

¿Por qué?

Porque lo importante es que tus prospectos se identifiquen, ya sea contigo o con los testimonios que estás dando en los vídeos y digan: *"Ah, pues si a él le ayudó y le resolvió el problema de comprar una casa, a mí también me puede ayudar."*

El Vídeo de Ventas

El vídeo 4 tiene una estructura muy parecida a la de la carta de ventas y te va a ayudar a encauzar a tu prospecto en la parte de la compra.

Este vídeo puede ofrecerse en una página como la de los vídeos anteriores o bien, en una vídeo carta de ventas y su estructura consta de 12 pasos:

Paso 1. Captar la atención

Como debe guardar congruencia con la información que diste anteriormente en los 3 primeros vídeos del embudo, lo primero que debes hacer es un breve recuerdo de lo hablaste en ellos.

Así logras que entren en contexto de nuevo.

Paso 2. Señalar un Problema y prometer la Solución

Vuelves a señalar el problema que dejaste abierto en el vídeo 3 y hablas de que lo vas a resolver con tu producto y de cómo lo vas a hacer.

Es decir, les dices por qué tienen que comprar tu producto y qué es lo que estás resolviendo con él.

Paso 3. Miedo a no volver a encontrar este vídeo

Esta es la parte de escasez, que funciona muy bien en el Marketing.

Cuando dices: *"Esta información estará disponible por un tiempo limitado"*, automáticamente el cerebro de tu posible comprador está diciendo: *"¡Tengo que tomar una decisión, ya!"*

Así pues, en el vídeo puedes decir: *"Estoy abriendo mi programa solamente por quince días o por un mes".*

Solo con que digas eso, vas a empezar a meterles urgencia por comprarte gracias a esa parte de escasez.

Paso 4. Agita el problema

Tienes que volver a hablar de nuevo del problema para hacer conscientes a las personas de que hay un problema.

Tienes que agitar otra vez el problema para hacerle ver al prospecto que lo estás resolviendo.

Es decir, en el punto 2 señalas el problema y aquí lo agitas.

Paso 5. Muestra el producto

Cuéntales que la solución a su problema es tu producto y explícales con detalle en cuántos resolverás su necesidad.

Paso 6. Muestra el contenido de tu producto

Háblales de tu contenido y de los beneficios rápidos que van a obtener al comprar tu producto.

Por ejemplo:

"El capítulo 1 consta de esto y el beneficio que obtienes por saberlo es este

El capítulo 2 consta de esto y el beneficio que obtienes por saberlo es este

Etc."

¿Te acuerdas de que dividimos el recorrido entre el punto A y el punto B, en cinco, siete, diez pasos o los que quisieras?

Pues estos son los que vas a explicar aquí, pero diciéndoles por qué lo tienen que aprender y el beneficio.

Paso 7. Primer llamado a la acción

Este primer llamado a la acción se basa mucho en la mente impulsiva, es decir: *"Oye, ¿sabes que necesitas esto? ¿A qué esperas para hacer clic en el botón de aquí abajo?"*

Entonces, ese primer llamado a la acción es por impulso o por ganas de resolver su problema cuanto antes.

Paso 8. Presentar tus credenciales

En esta parte debes reafirmar tu autoridad y hablar de testimonios, experiencias, libros que escribiste, currículums, comentarios de Facebook, tu historia...

Es decir, algo que te sirva para hacer que tu prospecto confíe en ti y ponga claridad en su cabeza ante la pregunta: *"¿Por qué le tendría que comprar algo así a Helio?"*

Por eso, una vez que ya hiciste el primer llamado, toca posicionarte como autoridad.

Si tienes un libro publicado, también puedes nombrarlo para posicionarte como autoridad.

Yo, por ejemplo, cuando digo en mis vídeos: *"Soy el autor más prolífico de México con 84 libros publicados"*, me estoy posicionando sí o sí.

Entonces, eso es posicionamiento, decir lo que has hecho y por qué estás autorizado para hablar sobre el tema.

Puedes hablar de tu currículum, puedes hablar acerca de los comentarios que te ha dejado la gente o incluso, puedes haber regalado algo y si te dejaron comentarios del tipo: *"¡Oye, qué bueno tu contenido!"*, lo cortas y lo pones en el vídeo y ya es un testimonio.

Yo he visto, y seguramente tú también, muchas cartas de venta donde ponen los testimonios de los comentarios de

Facebook, así que aprovecha cualquier cosa que te posicione como autoridad para hablar sobre el tema.

Paso 9. Da una garantía

Dar una garantía es muy importante a la hora de hacer que el prospecto se sienta seguro en su compra y por eso debes dar una garantía de "reversión de riesgo".

Hay diferentes tipos de garantía, no solamente las tradicionales de treinta, sesenta días y si no, te regresamos el dinero.

Puedes hacer un tipo de reversión de riesgo en la garantía en el momento en que le dices:

"Esto ha funcionado para muchísimas personas, así que no tendría que fallarte."

O también hay una garantía que yo utilizo mucho y que también es muy usada en marketing que dice:

"Tienes 30 días para consumir el producto y quedarte con toda la información y si durante estos 30 días dices que esto no es para ti, te regresamos tu dinero sin ninguna pregunta, sin cuestionarte nada.

Sabemos que la gente se puede aprovechar de nosotros, pero no nos importa.

¿Por qué?

Porque no nos importa que alguien venga y nos robe la información y se la regresemos en treinta días, lo que queremos es gente como tú."

¿Te fijas cómo estoy revirtiendo el riesgo?

Estoy montando una garantía en la que le estoy diciendo: *"Te lo vamos a regresar si no es para ti."*

Paso 10. Segundo llamado a la acción "Bono + lógica"

En este llamado a la acción dos, tienes que empezar a hablarle al cerebro lógico de tus prospectos.

Recuerda que tenemos dos cerebros, el lógico y el emocional.

Una de las cosas que tu cerebro lógico te dice es: *"Si me das más por el mismo precio, salgo ganando"*, ¿sí o no?

Entonces, ese es el concepto de dar bonos. Que compren algo por lo que van a pagar lo mismo, pero aparte les vas a dar este bono, este bono número 2, este bono número 3 y así hasta un mega bono.

Todo por el mismo precio y diciéndoles que el valor total de todos los bonos son 4.000 dólares, pero que ahora van a pagar 97 dólares.

Eso funciona muy bien desde la lógica, *"me están dando más, por menos."*

También funciona muy bien comparar el precio con algo que van a comprar, pero no les va a beneficiar.

Por ejemplo:

"Invertir 97 dólares en Embudo Maestro es como si estuvieras invirtiendo 3 dólares al día.

¿Qué puedes hacer con 3 dólares al día?

Comprarte un frapuccino del Starbucks, pero eso no va a cambiar nada más que son quinientas calorías que acumulas en tu cuerpo y aumente el riesgo de que te dé un ataque cardíaco y te puedes morir.

Tú eliges, el ataque cardíaco, dejar a tu familia desamparada o Embudo Maestro y darle a tu familia todo lo que tengas."

Te aseguro que dirán: *"¡Wow! ¡Lo compro! Prefiero dejar de comprar en Starbucks."*

Entonces, en este paso del segundo llamado a la acción le estás hablando a la lógica.

Paso 11. Poner una fecha límite

Debes hacer que tu prospecto pueda justificar su compra.

¿Cómo?

Dándole una justificación al cerebro lógico.

Contigo también lo hacen a diario.

O si no, dime, ¿cuántas veces te han dicho: "Solo nos quedan 10 piezas" o *"Fecha límite, este viernes?"*

Es una estrategia de marketing que puede generar la duda de quién sabe si es cierto o solo me apura a comprarlo, pero realmente esta estrategia es para decirle al cerebro lógico que está justificada su compra.

"Lo compré porque ya se iba a acabar."

"Compré una de las diez últimas piezas que quedaban."

Y eso al cerebro lógico le encanta, o sea, lo justifica y vas a hacer sentir bien a la gente que te compra.

Entonces, necesitas poner este limitante para generar "escasez".

Paso 12. Tercer llamado a la acción

Este llamado de acción se utiliza para prevenir la pérdida: *"Haz clic antes de que suba de precio y no esté disponible"*, *"Haz clic antes de que sea demasiado tarde para solucionar tu problema"*, etc.

Debes llevarlos a pensar que es ahora o nunca el que lo puedan hacer.

Estos son los 12 pasos que debes cumplir sí o sí en tu vídeo de ventas.

Ya te he dicho que lo puedes entregar en una página como las de los otros vídeos o en una vídeo carta de ventas, tú eliges.

Eso sí, si escoges la primera opción, deberás crear la página de la Carta de Ventas para incluirla en el esquema de tu embudo y para ello, para escribir tu Carta de Ventas, debes seguir este mismo esquema de los 12 pasos.

CAPÍTULO VI.

TUS PASARELAS DE PAGO

Lo más placentero de todo esto es, sin duda, recibir a diario notificaciones en el móvil de PayPal y ClickBank.

Estas son plataformas que debes configurar para que reciban los pagos de tus productos y para ello, lo primero que debes hacer es ponerle precio a tu producto.

¿Qué pasarelas de pago utilizar?

Existen muchas, pero las que te voy a recomendar son las dos que yo utilizo, PayPal y ClickBank.

Vamos a ver las características de cada una para que puedas elegir cuál usar en función de tus necesidades.

Diferencia entre ClickBank y PayPal

ClickBank

Además de ser un procesador de pagos como PayPal, puedes dar de alta tu producto y por ello te cobran un único pago de 47 dólares.

Una vez que ya tienes un producto autorizado en la plataforma de ClickBank te piden que tengas una página de ventas y una página de descarga y que además, en ambas haya ciertas leyendas que indiquen que ClickBank no está asociado con Facebook, ni con otras marcas.

Una vez subes la página de ventas y la de descarga a ClickBank, puedes tener afiliados, es decir, personas que promuevan y vendan el producto para ti a cambio de que les des una comisión que va desde el 5% hasta el 100%.

Si aceptan las condiciones, tus afiliados van a enviar el tráfico a tu página de ventas y si alguien compra, como hicieron el trabajo bien, lo promovieron y lo vendieron por ti, tú ganas una parte y ellos otra. Lo más normal, es darles una comisión del 50% y así ellos se ganan la mitad y tú te ganas la otra mitad del precio del producto.

Eso está muy bien porque vas a crear tu producto y vas a tener gente vendiéndolo, con lo que te va a estar llegando más dinero por tu producto y además, ya no estás haciendo el esfuerzo de vender, sino que lo están haciendo los afiliados para vender tu producto.

PayPal

Con PayPal no existe eso.

Con PayPal tú cobras cada venta que hagas de tu producto. No tienes afiliados, con ClickBank puedes apalancarte de tener otros que te ayuden a vender.

¿Cómo configurar esos pagos?

Para que queden registrados los pagos en ambas plataformas, debes crear un botón de pago y lo tienes que insertar en tu carta de ventas para que, cuando presionen ese botón, les lleve a alguna de esas dos plataformas y paguen.

Como ya configuraste tu cuenta en estas plataformas con tus datos, tanto personales como bancarios, en cuanto te lleguen los pagos, te enviarán un aviso al móvil y quedará el dinero almacenado en ellas hasta que decidas retirarlo a tu cuenta bancaria.

Por supuesto, le darás una comisión por gestionar estos pagos, que en PayPal es el 5% y en ClickBank el 7% de cada transacción.

La página de agradecimiento

Cuando configuras el botón de pago de tu producto, lo que hacen PayPal y ClickBank es preguntarte: *"Una vez compren, ¿adónde lo mandamos de regreso?"*

Y ahí es donde vas a colocar el link de la página de agradecimiento de tu embudo.

Ya sabes, esa página donde les dices: *"¡Gracias por tu compra! En este momento te debe estar llegando un correo"* o *"entra aquí"* o *"dale clic aquí para acceder"*, es decir, es la página que ven después de que te compran.

Puede ser una página simple con una foto y texto, o puede ser una página donde incluyas un vídeo diciéndoles gracias y dónde y cómo acceder a tu producto.

CAPÍTULO VII.

EL SEGUIMIENTO DE TU EMBUDO MAESTRO

Ya sabes cómo crear las piezas de tu Embudo Maestro que se encargan de entregar el contenido y tu producto una vez te compren.

Ahora vamos a ver la estructura periférica para dar el seguimiento a este contenido.

Hay unos seguimientos llamados "anteriores a la oferta" y hay otros llamados "posteriores a la oferta".

Es decir, como su propio nombre indica, unos son antes de que les presentes el vídeo de venta y otros después.

¿Por qué es importante llevarlos por esto que llamo indoctrinación o seguimiento y por qué son tan específicos estos seguimientos?

Primero, porque necesitas generar confianza y credibilidad en tus prospectos para puedan tomar una decisión y después llevarlos por los factores que ya conoces que le influirán para tomar una decisión.

Los seguimientos los vas a hacer por medio de los diferentes canales de comunicación:

Messenger de Facebook.

Notificaciones de Facebook.

Email Marketing, con tu auto respondedor.

WhatsApp.

Instagram.

Retargeting de Facebook.

Este último es otro canal en Facebook, que seguramente ya hayas recibido en alguna ocasión.

No sé si alguna vez has usado aplicaciones móviles en las que aparecen anuncios, imagino que sí.

Pues muchos de esos anuncios son de Facebook.

Yo he visto mis anuncios hasta en los juegos que están haciendo mis hijos o también pueden aparecer en Instagram, en Blogs o incluso puede aparecer tu anuncio o tu post de Facebook en un portal de noticias.

Lo que quieres con estos seguimientos es impactar a tus prospectos por varios canales de comunicación para que sea mucho más efectivo.

Dime, ¿qué pasaría si te mando una oferta que te llega en el mismo día por WhatsApp, por Facebook, por Messenger, una notificación hablando de lo mismo y un correo electrónico?

¿Te impactaría más?

Seguro.

¿Te generaría confianza?

No lo sé, pero si no te da más confianza, de todos modos siembra algo en tu mente.

O sea, si hoy te llegó un correo mío hablando del tema y también una notificación en Facebook y además te mandé un mensaje por Messenger hablando de lo mismo, aunque no les quieras hacer caso, te aseguro que acabarás pensando: *"¿Qué me querrá decir Helio?"* y ten por seguro que me vas a prestar más atención.

Pero no todos los mensajes de seguimiento son para todo. Es decir, vas a utilizar un mensaje específico para cada cosa específica.

Así que, vamos a verlos por el orden en que debes mandarlos:

Seguimiento 1.

Es para mandarlos al vídeo 1.

Es decir, el mensaje por Messenger, el correo que les mandes o la notificación que les llegue por Facebook, les va a decir que vayan a ver el vídeo 1 y vas a poner el link.

Con esto lo que buscas es utilizar varios canales de comunicación para mandarlos a la entrada a tu embudo, que es el vídeo 1 y luego el 2 y el 3...

Entonces, el seguimiento 1 les da la bienvenida y luego contenido de valor en relación con su problema, para luego hacerles una invitación a ver el vídeo 1.

Esa es la estructura de tu seguimiento 1.

¿Dónde vas a poner esa información?

En Messenger, en la notificación, en el correo, etc. para que por medio de todos esos canales los llevemos al vídeo 1.

Yo te recomiendo que crees el que vas a enviar por correo, que puede ser el más extenso y a partir de él lo adaptes a la configuración de la aplicación por donde lo vayas a enviar.

Por ejemplo, una notificación es como tweet, por tanto, no puedes explicar todo o el seguimiento para el post de Facebook también puede no ser tan largo.

Seguimiento 2.

Debes darles contenido de valor para mostrarles el problema y cómo sería su vida sin ese problema.

Esto está muy relacionado con lo que hiciste en los 3 vídeos de indoctrinación, ¿recuerdas que el vídeo 2 hablaba de solucionar el problema y la vida sin el problema?

Pues ahora es lo mismo, solo que lo vas a redactar y les vas a invitar a que vean el vídeo dos para ver cómo se resuelve ese problema y les pones el link.

Seguimiento 3.

Al igual que en el anterior, debes darles contendido de valor para mostrarles cómo se puede solucionar el problema e invitarlos a ver el vídeo 3.

Seguimiento 4.

Les das un breve contendido de valor, haces resumen de los vídeos y generas interés en tu propuesta y a continuación los envías a la carta de ventas por medio del link.

Los seguimientos del 1 al 4 son "anteriores a la oferta" por lo tanto, puedes ver que son muchos más los que están después de la oferta o "posteriores a la oferta".

¿Por qué?

Porque las estadísticas dicen que entre un 2% y un 5% de la gente que visita por primera vez tu carta de ventas te va a comprar y el otro 95% lo tienes que manejar en tus seguimientos para que tomen una decisión.

Seguimiento 5.

Usa un testimonio para darle más peso a tu oferta.

Las historias venden muchísimo si alguien se identifica con ellas y lo que queremos es que el prospecto en el seguimiento cinco, se identifique con una situación para comprar.

Seguimiento 6.

Resalta las características, los beneficios y los resultados para mostrar a los suscriptores lo que obtendrán con tu producto.

¿Qué quiere decir esto?

Que vas a hacer que las características, los beneficios y los resultados les hagan tomar una decisión.

Seguimiento 7.

Utiliza un Webinar grabado o invítales a uno en vivo para crear más confianza con tus nuevos suscriptores.

Un Webinar en vivo es muy poderoso porque vende mucho, pero lógicamente no lo vas a poder hacer siempre en vivo, por lo que lo puedes grabar y luego presentárselo en este seguimiento a tus prospectos.

¿Por qué crees que es importante mandarlos a un Webinar?

Porque ahí pueden resolver muchas dudas que en los vídeos cortos no podían y que a lo mejor pueden estar pensando los demás y en el momento que alguien te pregunta en el Webinar y le contestes, les generes más confianza también a ellos.

¿Por qué?

Porque les resolviste una duda que a lo mejor no tenías tan presente a la hora de crear los vídeos de contendido, pero como te lo preguntaron en el Webinar ya lo resolviste y la gente dice: *"Ahora sí me dio más confianza..."*

Cuando haces un Webinar, aparte de que te extiendes más, empiezas a generar más confianza de la gente hacia ti, porque se identifican aún más contigo o con los temas de los que estás hablando.

Esto se debe a que les estás dedicando tiempo, para hablarles de un tema específico y la gente se está conectando más.

Seguimiento 8.

Este seguimiento también va muy relacionado con el tema de generar esa confianza y esa comunicación.

¿Cómo?

Lo más seguro es que muchos no vean el Webinar, pero qué pasaría si después les llega un correo con los temas principales que vieron en el Webinar.

Si hay algo que les interesa puede que vayan a verlo, ¿no?

El seguimiento 8 es para eso.

Les mandas o las diapositivas o los puntos claves de tu Webinar para que en algún momento diga el prospecto: *"¡Ah, mira! Aquí están resolviendo la parte que me interesa. Voy a verlo."*

Entonces, en este seguimiento los incitas a ver, ahora sí, toda la información competa.

Recuerda que vivimos en la era llamada "de información" o "de la distracción", en la que tus prospectos tienen a su alrededor muchas cosas que les pueden distraer.

En cambio, lo que buscamos en la venta es tener el mayor tiempo de atracción o de visualización o de conexión o de comunicación y cuando entran en un Webinar tienes la total atención de tus prospectos y eso vende porque vende, mientras que a lo mejor empiezan a ver un vídeo tuyo de 5 o 10 minutos y a los 3 minutos se distraen con otra cosa y se olvidan del vídeo.

La gente que entra a ver un Webinar va a invertir una hora en ti, en una era en la que ya no invierten más de 5 minutos en nada, ¡fabuloso!

Por lo tanto, tienes una posibilidad muy grande de vender, por eso son tan potentes los Webinars.

Seguimiento 9.

Envíales contenido que cree controversia.

¿Cómo crearles controversia?

A través del miedo, de la curiosidad, del deseo, del humor...

Lo que sea para conseguir que tu suscriptor se conecte emocionalmente con tu producto y esté más cercano a comprar.

Con controversia me refiero a que empieces a mover la parte emocional de tu prospecto y es allí donde piensa en el miedo, en el deseo, en el humor...

Seguimiento 10.

Agrega una oferta urgente para incentivar a tus suscriptores a tomar acción.

¿Recuerdas uno de los pasos de la carta de ventas?

Es casi lo mismo, ¿no?

Debes decirles: *"Tienes hasta tal día para tomar una decisión o se te va a escapar tu oportunidad".*

Seguimiento 11.

Dales a tus suscriptores una última oportunidad ofreciéndoles algún tipo de descuento.

Aquí puede ser que les descuentes en el precio o que le agregues otro mega bono a tu oferta, para que tomen acción en el seguimiento 11.

Y por supuesto, agregarle escasez del tipo: *"Ya se acabó, esto ya se terminó, si no tomaste acción ya te lo perdiste."*

Seguimiento 12.

Ofrece un mega bono secreto con escasez de que solo va a estar disponible en las próximas 24 horas y ponle fin a tu oferta.

"Es el último día y te estoy agregando esto, si no tomas acción se acabó, el producto volverá a 497 dólares y perderás esta oportunidad.

Este es el último seguimiento.

Podrías hacer el 13, el 14, el 15, etc. Conozco marqueteros que me han dado seguimiento durante más de tres meses, con más de setenta seguimientos programados.

Lo que sí te digo es que, y la teoría dice, es que a partir de entre 15 y 20 días, un prospecto es más propenso a comprarte porque ya generaste confianza y certeza en él.

Cómo crear un Post de Marketing de Gorila

Un post de Marketing de Gorila es un post que vas a publicar en Facebook y lo vas a convertir en viral para llamar la atención de las personas.

La estructura del post Gorila es la siguiente:

Atención

Lo primero que debes hacer es llamar la atención de las personas.

No sé si has pensado alguna vez en lo rápido que va todo en Facebook.

Es decir, cuando estás navegando en Facebook a través de tu teléfono, tardas un segundo o menos en pasar una imagen tras otra y tan solo te detienes en la imagen o el vídeo que te interesó, ¿cierto?

Pero no solo haces esto desde el teléfono, desde la computadora es igual, si estás viendo un post, donde te interesa lo paras.

Por eso, lo primero de debes de hacer en un post es llamar la atención y eso se logra con la foto y las dos primeras líneas del post.

Te voy a poner un ejemplo.

En uno de los post gorila que me dieron mucho resultado, las dos primeras líneas del post decían:

"¡ATENCIÓN, entrenamiento GRATUITO! "Cómo salir de dudas e iniciar mi abundancia".

¿Qué crees que hacía que la gente se parase a ver el post?

Primero la palabra "atención" y después "gratuito".

Estas dos palabras, si te fijas, están en mayúsculas porque son dos palabras que impactan y detienen a la audiencia para causar atención.

Crear Anticipación

¿Qué es esto?

Te lo explico con lo que decía el post:

"Si tu intención es, de una vez por todas en este 2017, generar más ingresos o una estrategia para estar lo mejor posible económicamente, esto es para ti."

¿Qué estoy haciendo?

Hablando del problema y eso es crear anticipación.

Autoridad

Aquí decía el post:

"En los últimos años he venido ayudando a las personas para que puedan establecer el modo correcto para sus emprendimientos, para que no pierdan más recursos de tiempo, esfuerzo y dinero".

Aquí estamos creando autoridad.

Problema

Es el momento de atacar el problema directamente y fíjate cómo lo hice en el post:

"Es por eso que si tú quieres:

Generar más ingresos este 2017.

Salir de números rojos a números negros lo antes posible.

Tener más tiempo de calidad para ti y tu familia.

Cumplir tus sueños y objetivos para este 2017.

Entonces este entrenamiento gratuito es para ti."

Debes buscar entre cinco y siete puntos principales del problema y sobre todo, puntualizarlos.

Solución

"Si hace sentido para ti poder generar ingresos con bases sólidas este año, entonces este entrenamiento gratuito es para ti."

Solución, "tenemos un entrenamiento que te ayuda con eso".

Llamado a la acción

"Solo sigue estos dos pasos:

Paso 1. Comenta abajo "me interesa."

Paso 2. Te contestaré este comentario con las instrucciones a seguir."

Esta es la estructura del texto del post. Pero si el texto es importante, la imagen no lo es menos.

La Imagen

Mi recomendación para las imágenes es que sean de mujeres sonriendo, es lo que más vende en todos lados.

¿Por qué?

Porque a las mujeres les gusta ver a las mujeres sonriendo y a los hombres también les gusta ver mujeres sonriendo.

Entonces, como es lo que más vende, trata de encontrar imágenes con contraste y referentes a tu producto, si es algo que no tiene nada que ver no va a funcionar.

Tiene que ser una imagen agradable con respecto a tu producto.

Una vez publicado el post, lo que sucede es que empiezan a llegar los prospectos.

Empiezan a comentar y a hacer los dos pasos porque tus dos primeras líneas y tu foto o vídeo les llamaron la atención, se quedaron a leer el post y los interesados te van a escribir en los comentarios y van a hacer el segundo paso, ya sea ir a una página, ir a ver el vídeo uno, lo que sea.

Y una vez hagan eso, vas a empezar a usar los bots para que contesten esos comentarios por ti y les hagan ingresar a tu Embudo Maestro y por tanto, a los siguientes seguimientos.

Es decir, vas a automatizar tu Embudo Maestro y eso es justo lo que te voy a explicar en el siguiente capítulo.

CAPÍTULO VIII.

AUTOMATIZA TU EMBUDO MAESTRO

Vamos a ver cuáles son y cómo manejar las herramientas de seguimiento y automatización:

Andter

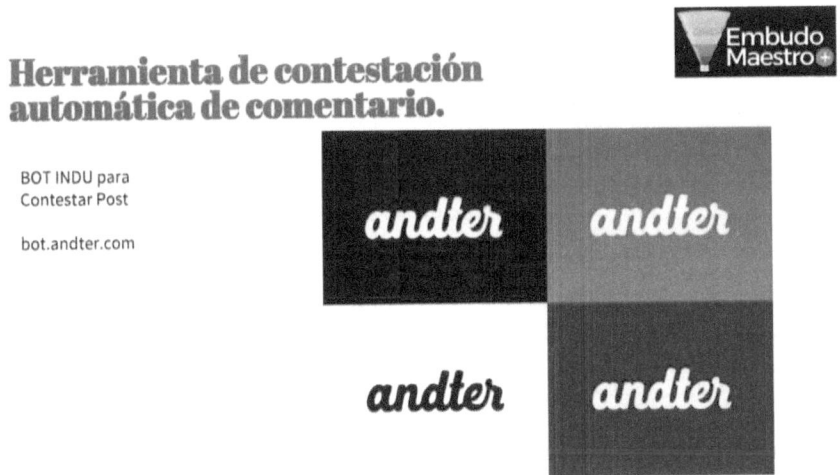

El primer bot que vas a usar, se llama *Andter*.

¿Qué es lo que hace este bot?

Cuando una persona comenta tu post, automáticamente le responde con una respuesta que tú quieras y así es como si les respondieras el comentario.

Pero este bot va mucho más allá en sus funciones, porque con que el usuario de Facebook tan solo escriba una palabra en el post, recolecta el teléfono y el correo de esa persona.

Esta es una función más avanzada del bot, pero súper eficaz.

Pero la mayor ventaja para tu embudo es que una vez conteste tu post el bot le va a mandar en su respuesta, información para que ingrese a tu embudo con un clic en un enlace.

Eso es lo que hace *Andter*, contestar tu Marketing de Gorila.

ManyChat

Configura tu Seguimiento por Messenger Facebook.

Establecer Herramienta para
seguimientos por Facebook Messenger

Bot Facebook Messenger
Many Chat
https://manychat.com

ManyChat
Create Your Chat Bot in 5-Minutes

El siguiente bot se llama *ManyChat* y es un bot muy extenso.

La verdad es que es muy bueno porque es un autorespondedor que usa un sistema para mandar correos masivos, mensajes o seguimientos de mensajes por correo.

Con este bot puedes generar una secuencia para ir mandando los mensajes de seguimiento que vimos anteriormente, pero dentro de Messenger o Facebook.

LetSocify

Configura tu Seguimiento por Notificaciones de Facebook.

Establecer Herramienta para seguimientos por Notificaciones de Facebook

Bot Notificaciones Facebook Letsocify
http://letsocify.com/

Este bot también es para hacer seguimiento, pero ahora por notificaciones de Facebook.

Lo bueno de este bot es que si le hacen clic en la notificación, les envía directamente a la página del vídeo.

También puedo programar el envío de notificaciones en función del mensaje de seguimiento que quiera enviar, el día uno, el día dos, etc.

Además, este bot recolecta el nombre, el correo, la ciudad y la IP y muchas otras cosas del usuario en cuanto le da clic al enlace.

Montando el sistema

Ahora que ya conoces cuáles son los tres bots que debes usar para automatizar tu embudo Maestro, ha llegado el momento de que sepas cómo integrarlos entre ellos.

Con *Andter*, el primer bot, vas a responder en automático los comentarios y esa respuesta va a llevar a un link que los va a dirigir a los dos bots siguientes, *ManyChat* y a *LetSocify* que recopilan los datos del correo de los usuarios y los puedes enlazar con tu autorespondedor.

Así lograrás que los tres bots trabajen en equipo, mandándoles una secuencia por Messenger, por Facebook y al mismo tiempo les vas a mandar los seguimientos por correo electrónico y lo mejor de todo, ¡en automático!

Las ventajas de estos bots es que siempre te dan un periodo de prueba al registrarte por primera vez, para que los puedas usar sin riesgo económico.

¿Cómo funcionan los bots?

Andter

Una vez te registras empiezan a detectar todas tus fan pages y lo que te pide el bot es que le digas si activarlas o no y cuáles activar.

Una vez habilitada la página, te da la opción de "manage post" le das aceptar y a continuación creas una respuesta automática.

Para ello debes incluir las palabras claves que hagan enviar al bot una respuesta u otra.

Por ejemplo, en el post de gorila que te describí antes, puse estas palabras claves: *"quiero asistir a las clases", "quiero asistir"*, con mayúsculas y minúsculas.

¿Por qué estas y no otras?

Porque ese es el llamado a la acción que puse en el post.

Y el segundo paso es decirle al bot la respuesta que quieres darles: *"Si quieres asistir, indica tu nombre completo y horario aquí"* y después le indicas "enviar los datos a esta página" y listo.

Le puedes poner también que tarde un minuto o varios en contestar, para que no se vea tan robotizado.

El periodo de prueba de *Andter* termina después de hacer 400 comentarios y después, su precio es de 97 dólares al año.

Andter también tiene la opción de recolectar los emails y los números de teléfono y esta opción cuesta otros 97 dólares más al año.

ManyChat

Este es un bot para crear un autorespondedor en Facebook, tal cual.

También te da periodo de prueba, de hecho, yo tengo la cuenta gratis y lo sigo usando, así que puedes crear tu cuenta gratis y probar todas las funciones.

Como en *Andter* una vez alcances el promedio de suscriptores estipulado como límite para la versión gratis, te empieza a cobrar 9 dólares por mes, pero lo importante es que vas a poder probar todas sus funciones gratis.

¿Qué opciones te da?

Te da un listado completo de todos tus suscriptores con su nombre, su foto, su sexo y cuándo se suscribió.

También tiene un chat en vivo que es igual al que aparece en tu fan page, pero lo interesante es que es como una página de captura para recolectar información.

Entonces, escribir un texto, enviarlo y por medio de preguntas lo vas a meter a los otros bots, o sea, vas a disparar la secuencia desde aquí con que tan solo presionen el botón "ingresar".

Cuando lo presionan, el primer mensaje que les aparecerá en la pantalla lo que va a hacer es mostrarles un link, que los llevará al tercer bot y se inicia la secuencia de los seguimientos 1, 2, 3 y 4.

Así, podrás enviarles mensajes todos los días, de manera automática, porque ya están cargados con los 12 seguimientos que vas a mandarles por todos esos canales que vimos en capítulos anteriores.

LetSocify

También es un autorespondedor que te indica cuánta gente se suscribió el nombre, el correo, sus datos y el teléfono.

Está completísimo este bot.

Al igual que en *ManyChat*, cuando le dan a "ingresar" les puedes enviar la secuencia de seguimiento, pero aquí es diferente porque te permite poner muchos datos de personalización de los mensajes, como el primer nombre, el apellido o el nombre completo.

También puedes poner emoticonos en las notificaciones para hacerlas más amigables, etc.

Entonces, ¿cómo creas una secuencia en este bot?

Les mandas la notificación y si le dan clic les mandas la siguiente, el día que hayas programado, pero si no da clic, le puedes decir que le siga enviando la primera notificación porque no la ha visto.

Entonces puedes ir programando que si te responde "sí" le envíe una cosa y si es "no", le envíe otra.

CONCLUSIÓN

Bueno, pues ya hemos llegado al final de este libro en el que te he mostrado cómo hago mis Embudos Maestros para que tú puedas replicar exactamente mi sistema y automatizarlos al máximo.

Ya conoces las piezas que vas a necesitar para montar tu Embudo Maestro.

Ya conoces las herramientas que te lo van a poner mucho más fácil.

Y por supuesto, ya conoces la manera de automatizar el sistema para tener tiempo de seguir creando más Embudos Maestros que trabajen para ti 24/365.

Como te he dicho, "ya lo conoces", pero ahora queda la parte más importante...

¡Que lo pongas en práctica!

¿Por qué?

Porque si no, todo este conocimiento se convertirá en puro entretenimiento que duró mientras leías este libro.

Así que, por favor, toma acción y coméntame acerca de tus resultados. Estoy seguro de que van a ser espectaculares.

¡Por tu Éxito!

Tu Amigo,

Helio Laguna

www.ingramcontent.com/pod-product-compliance
Lightning Source LLC
Chambersburg PA
CBHW031540210526
45464CB00003B/1079